CRICRI

ET

SES MITRONS,

Petite Parodie en vers et en cinq Tableaux, d'une grande pièce en cinq actes et en prose;

PAR MM.

CARMOUCHE, JOUSLIN DE LA SALLE ET DUPEUTY,

REPRÉSENTÉE POUR LA PREMIÈRE FOIS, A PARIS, SUR LE THÉATRE DES VARIÉTÉS, LE 7 MARS 1829.

PRIX : 1 FR. 50 C.

PARIS,

QUOY, LIBRAIRE-ÉDITEUR,

AU MAGASIN GÉNÉRAL DE PIÈCES DE THÉATRE
Boulevard Saint-Martin, n° 18.

1829.

PERSONNAGES.	ACTEURS.
CRICRI, maître boulanger	M. Cazot.
GUEUSARD, dit le Balafré	M. Brunet.
CHAUDCHAUD St.-PÉTRIN	M. Lepeintre.
RUGGIERI, escamoteur	M. Lefèvre.
TURLURE, } petits mitrons du parti de Cricri.	Mlle Valérie.
PAIR-OU-NON,	M. George.
PLEUREUSE,	M. Prosper.
CROSSE, } du parti de Gueuzard.	M. Boulanger.
MARTEL CHAPEAU,	M. Lemaitre.
LUC,	M. Bégat.
POPOL,	M. Emmanuel.
Mme JORDONNE, mère de Cricri	Mlle Carolᵉ Bielval.
LA LORRAINE, femme de Gueuzard	Mlle Pauline.

La Scène est à Paris, en 1829.

Nota. Les positions principales sont prises à-peu-près toutes comme au Théâtre Français. Les costumes, quoique bourgeois, doivent en parodier quelques uns d'Henry III.

L'ouverture est composée de Ponts-Neufs qui sont indiqués dans le courant de la pièce.

Imprimerie de CHASSAIGNON, rue Git-le-Cœur, n. 7.

CRICRI
ET
SES MITRONS,
PETITE PARODIE EN VERS.

Premier Tableau.

Le Théâtre représente la chambre de Ruggieri.

SCÈNE PREMIÈRE.

RUGGIERI, *seul.*

Air : C'est un sorcier.

(*Il achève des expériences physiques.*)
J'ai vraiment du génie! Oui, mais, me dira-t-on :
Homme miraculeux, peut-on savoir ton nom?
(*S'avançant vers le public, et avec emphase.*)
Je suis Ruggieri, fécond en artifice,
Connu pour posséder le sac à la malice.
Je suis escamoteur, prestidigitateur,
Rival de Monsieur Comte, et de plus, électeur!
Parlez, je vous dirai votre bonne aventure.
Surtout, pas de cancans... je crains la Préfecture.
Mais, qui vient en ces lieux?

Air : La boulangère a des écus.

SCÈNE II.

RUGGIERI, M⁰ᵉ JORDONNE.

(Madame Jordonne ouvre la porte, par laquelle elle ne peut passer vu son embonpoint.)

RUGGIERI, *à madame Jordonne.*
Entrez, belle maman.

Mᵐᵉ JORDONNE.
La porte est trop étroite.

RUGGIERI.
Ouvrez l'autre battant.
Que vois-je? vous ici, vous, madame Jordonne,
De tous les boulangers, la reine et la matrone?
Que voulez-vous de moi? le petit, le grand jeu?
Faut-il monter un coup, escamoter?...

Mᵐᵉ JORDONNE.
Un peu.
Tu sais que mon mari, boulanger d'origine,
Fit jadis, à Paris, refleurir la farine;
Qu'il fut poussé, proné, qu'il obtint un brevet,
Et pour la flûte au beurre et pour le pain mollet.
Las! il mourut trop tôt, car de pâte assez bonne,
C'est à moi qu'il laissait l'honneur de la couronne.
J'avais trois grands garçons, à présent, dieu merci,
De ces trois fils, si chers, je n'ai plus que Cricri...

RUGGIERI.
Bonne mère!

Mᵐᵉ JORDONNE.
Ecoutez. Jusqu'ici je gouverne,
Mais je crains chez Cricri des retours de caserne.
Saint-Pétrin, dit Chaudchaud, Pleureuse et Pair-ou-Non,
Ont obtenu de lui le titre de mitron.
Ils sont jolis garçons; mais Saint-Pétrin m'obstine,
C'est un petit rageur, qui toujours me taquine;
Il voudrait que Cricri m'enlevât chaque soir
La recette du jour et la clé du comptoir.

RUGGIERI.

Bah !

Mme JORDONNE.

Mais ce n'est pas tout. Je sais que l'on fabrique
Des miches sans levain, et du pain mécanique,
Et que du vieux Pétrin, le rival déclaré,
C'est notre beau cousin Gueusard le balafré.
Aux Petites-Maisons, pour empoigner sa place,
Il veut cloîtrer Cricri...

RUGGIERI.

Mais l'idée est cocasse.

Mme JORDONNE.

Lui souffler son brevet, et comme un bon cousin,
Lui faire quelque jour passer le goût du pain.
Mais à bon chat, bon rat!... L'un à son maître espère
Mettre le nez au vent; l'autre le nez par terre.
Suis-je donc un roseau qui puisse être plié ?
Non, je veux, tous les deux, les faire d'amitié.
Mais revenons au fait : C'est une longue histoire,
Que pour vous amuser, j'ai prise en un mémoire.

RUGGIERI.

Passez...

Mme JORDONNE.

Mais j'ai besoin, pour mes deux actions,
De vous conter au moins d'eux expositions.

RUGGIERI.

Passez, passez encore...

Mme JORDONNE.

Eh bien ! qu'à ça ne tienne,
Je vais tout bonnement parler de la Lorraine.
C'est, comme vous savez, la femme d' Gueusard,
Belle et bonne, elle charme et le tiers et le quart.
Eh bien ! j'ai vu Chaudchaud roder sous ses fenêtres,
Et près de la bégueule, il vient traîner ses guêtres...
Ils s'aimeront bientôt, si déjà ce n'est fait;
Car je crois qu'elle en tient pour notre gringalet.
Le Gueusard saura tout, et grâce à leurs disputes,
J'aurai le temps d'attendre et d'arranger mes flûtes.

RUGGIERI.

Mais, comment réunir la Lorraine et Chaudchaud ?

Mme JORDONNE.
Avec un machiniste, on peut tout ce qu'il faut...
On jouait dans ces lieux, jadis, des mélodrames ;
Tout était machiné pour enlever les femmes,
Elle est là, près de nous... J'ai pris pour l'endormir
Un moyen infaillible...

RUGGIERI.
Est-ce mon élixir ?

Mme JORDONNE.
Non, un auteur classique... Ensuite, à la sourdine....

RUGGIERI.
Vous l'avez enlevée en fiacre ?

Mme JORDONNE.
En citadine !...

Air : Venez charmantes Bayadères.

J'entends du bruit ; on vient, ce sont tous nos mitrons ;
Pour me faire sortir, ouvrez vos trapillons.
(*Elle se place sur une trappe.*)

RUGGIERI.
Disparaissez !... Bravo ! c'est sortir à merveille !
Jamais d'un tel moyen ne s'avisa Corneille.

SCÈNE III.

RUGGIERI, CHAUDCHAUD, PLEUREUSE, PAIR-OU-NON.

CHAUDCHAUD.
Chaudchaud...

RUGGIERI.
Que voulez-vous ?

CHAUDCHAUD.
Ma foi je ne sais pas.
Nous venons pour flâner, pour faire les beaux bras.
Chaudchaud, tel est mon nom.

RUGGIERI.
D'humeur assez hargneuse...

PAIR-OU-NON.
Moi, je suis Pair-ou-Non.

CHAUDCHAUD.
                    Lui! mon cher, c'est Pleureuse.
RUGGIERI.
J'aurais dû m'en douter... Approchez, chers mitrons.
CHAUDCHAUD.
Nous trouvez-vous gentils?...
RUGGIERI.
                        Je vous trouve mignons...
PAIR OU NON.
Moi, je me fais l'effet d'être bien inutile.
Je suis tout-à-fait nul... Il serait très-facile
De me donner congé, sans nuire à la maison.
Je ferais autre chose.
RUGGIERI.
            Et vous auriez raison.
CHAUDCHAUD.
Quant à Pleureuse, il veut avoir un spécifique
Qui puisse l'égayer et le rendre comique,
Il est un peu morose...
RUGGIERI.
        Et vous?
CHAUDCHAUD.
                    Moi, si je vien,
C'est pour taper partout, et je ne connais rien.
Chaudchaud...
RUGGIERI.
            Un peu de calme, et reprenez haleine...
(A mi-voix.)
Elle est là...
CHAUDCHAUD.
        Qui? quoi? qu'est-ce? elle!!!
RUGGIERI.
                        Oui, la Lorraine.
CHAUDCHAUD, *à ses amis.*
Pleureuse, Pair-ou-Non, inutiles amis,
Allez, allez au four, allez voir si j'y suis.

(*Ils sortent sur l'Air :* Va-t-en voir s'il viennent, Jean.)

SCÈNE IV.

RUGGIERI, CHAUDCHAUD.

CHAUDCHAUD.
Ah! oui, j'y suis au four; que faut-il que je fasse
Pour appaiser mes feux?

RUGGIERI, *lui donnant un morceau de miroir.*
Prends ce morceau de glace.

CHAUDCHAUD.
Dieu! qu'ai-je vu?

RUGGIERI.
C'est elle!

CHAUDCHAUD, *avec douleur.*
Eh non! ce n'est que moi.
Tu me feras mourir...

RUGGIERI.
Un moment, tourne-toi.

CHAUDCHAUD, *se tourne, pendant que Ruggieri va pousser le ressort sur la boiserie. Un panneau se lève à la droite du spectateur.)*
Est-ce fait?

RUGGIERI.
Pas encor, laisse lever la trappe.

CHAUDCHAUD.
Dieu! que c'est long!

RUGGIERI, *allant à lui.*
C'est fait.
(*Air:* Dormez-donc, mes chères amours.)
(*La Lorraine paraît sur un lit à roulettes, que l'on pousse en scène.*)
Il n'a pas vu l'attrappe.
(*Il sort.*)

SCÈNE V.

CHAUDCHAUD, LA LORRAINE.

CHAUDCHAUD, *apercevant le lit qui vient de paraître.*
Oh! surprise, ô bonheur! ô transport! oh! amour!

Est-ce elle ? Suis-je moi ?.. Deviens-je aveugle ou sourd ?
Oui, c'est bien un vrai lit, voilà bien la couronne,
Traversin et rideaux à trente-deux sous l'aune.

(*Il s'éloigne comme frappé d'un vertige.*)

Voilà bien son béguin, sa jupe en calicot ;
Ses pieds, ses mains, ses bras, ses manches à gigot.
Je pourrais profiter de ce doux tête à tête,
Mais quand on aime bien, hélas ! on est si bête.

(*Il se met à genoux auprès du lit.*)

Comment, pas de fichu ?

(*Il prend le mouchoir qui est à côté d'elle.*)

Décemment, couvrons-là.

(*Il lui couvre le col avec son mouchoir.*)

Son collier ne tient pas, chaque perle s'en va.

(*Il prend le collier, et s'occupe à le rattacher, toujours à genoux.*)

Des amans mieux appris, agiraient en fins merles,
Mais moi je suis ici, pour... arranger des perles.

LA LORRAINE, *rêvant.*

Chauchaud...

CHAUDCHAUD.

Elle a parlé... sa bouche a dit mon nom.

LA LORRAINE, *rêvant.*

Serez-vous donc toujours un véritable oison ?

CHAUDCHAUD.

Elle est somnambule.

LA LORRAINE, *se mettant sur son séant, et rêvant.*

Oui ! bravant les convenances,
Je puis par ce moyen... vous faire les avances.

CHAUDCHAUD.

Quoi ! toi !... bien sûr ?

LA LORRAINE.

Bien sûr...

CHAUDCHAUD.

En ce cas, tout est dit,
J'en jure par le ciel, par le ciel de ce lit ;
Avant que de tes nœuds, Chaudchaud se désenchaîne,
On verra les merlans, remonter dans la Seine.

Cricri.

LA LORRAINE, *s'éveillant.*
Où suis-je? Est-ce la voix de mon mari Gueusard?
CHAUDCHAUD.
Non, vous rêvez à moi...
LA LORRAINE.
Grand dieu! quel cauchemar..
Effronté! vous ici!.... près d'une femme seule!...
CHAUDCHAUD.
Mais vous étiez, princesse, en dormant moins bégueule.
LA LORRAINE.
C'est possible; en dormant, on ne sait ce qu'on dit,
On ne sait ce qu'on fait, on ne sait...
CHAUDCHAUD.
Sufficit.
LA LORRAINE, *avec douceur et sentiment.*
Quand ma raison dormait, ma tendresse éveillée,
Pût me faire oublier, que j'étais mariée.
CHAUDCHAUD.
Tu m'aimes! vous m'aimez!...

L'Orchestre joue l'Air : Cocu, cocu mon père.

SCÈNE VI.

LES MÊMES, GUEUSARD, *en dehors, puis* RUGGIERI.

GUEUSARD, *en dehors.*
Mille damnations!
Ouvrez! c'est moi, Gueusard, la terreur des mitrons.
LA LORRAINE.
C'est mon homme!
CHAUCHAUD.
Filez!...
LA LORRAINE.
Eh! grand dieu! comment faire?
RUGGIERI, *qui est entré avec un énorme gobelet d'osier argenté.*
Ce petit gobelet va vous tirer d'affaire.
LA LORRAINE.
Comment, m'escamoter?
RUGGIERI.
Je réponds du succès.

CHAUDCHAUD.
Quoi! comme aux boulevards?
RUGGIERI.
Non pas, comme aux Français.

GUEUSARD, *en dehors.*
Ouvrirez-vous enfin, ou je brise la porte?
LA LORRAINE.
Le sort en est jeté, car il faut que je sorte.
(*Elle va se placer sous le gobelet que tient Ruggieri.*)

Entrons... mais attendez, nous devons tout prévoir,
Et j'allais oublier d'oublier mon mouchoir.

(*Le lit est rentré dans la chambre secrète ; la Lorraine jette son mouchoir sur une chaise, et revient se placer sous le gobelet. Chaudchaud va à la porte, et la retient un moment. On joue l'Air : Ce mouchoir, belle Raymonde.*)

RUGGIERI, *recouvrant la Lorraine du gobelet.*
Passez, muscade!...
(*Il lève le gobelet. A Chaudchaud.*)
Et vous, tirez la chevillette.
(*Chaudchaud tire le verrou de bois qui ferme la porte.*)

SCENE VII.

RUGGIERI, CHAUCHAUD, GUEUSARD, CROSSÉ, MARTEL CHAPEAU.

GUEUSARD, *il entre, un gros bâton noueux à la main, et suivi de plusieurs des siens.*
Enfin, je suis dedans... Sais-tu bien, vieille bête,
(*A Ruggieri, en faisant le moulinet avec son bâton.*)
Que je t'insulterais, si j'avais mauvais ton.
CHAUDCHAUD, *d'un air riant.*
Bonjour, brave Gueusard!...
GUEUSARD.
C'est toi, joli mitron?

CHAUDCHAUD, *d'un ton de bonhommie.*
Comment va, s'il vous plaît, Madame votre épouse?
GUEUSARD.
Qu'elle aille ou qu'elle vienne, ourle, tricote ou couse,
Je te demande un peu ce que cela te fait?
CHAUDCHAUD.
Là... vous vous emportez comme une soupe au lait.
GUEUSARD.
Gare, si j'aperçois quelque chose de louche!
CHAUDCHAUD.
Mais... crois-tu donc, aussi, que du pied je me mouche?
Sans adieu, je t'attends près d'un patron chéri,
Car je n'ai qu'un mot d'ordre, et qu'un seul cri : Cricri.

(*Il sort en lui montrant le poing, et en riant.*)

Air : Fragment : O Richard, ô mon Roi!

SCÈNE VIII.

LES MÊMES, *excepté* CHAUDCHAUD.

GUEUSARD.
A ma barbe, il a ri!... Chez toi, mon vieux compère,
Nous venons pour parler, d'une secrète affaire;
Afin de conspirer, nous avons prudemment,
Pouvant rester chez nous, choisi ton logement.
Cet endroit est propice, à tout le monde il s'ouvre.
RUGGIERI.
Mais pourquoi pas la Halle, ou la place du Louvre?
GUEUSARD.
C'est juste... mes amis, ne perdons pas de temps.
Avez-vous fait pour nous beaucoup d'abonnemens?
Le pain à la vapeur fait-il des prosélytes?...
MARTEL CHAPEAU.
J'ai déjà converti trois cents Israélites;
Ils ont tous fait leur croix.
GUEUSARD.
Et toi, père Crossé?
CROSSÉ.
Au faubourg Saint-Germain, partout on m'a crossé.

GUEUSARD.

Ils sont, dans ce quartier, diablement en arrière,
Le siècle ne peut pas traverser la rivière ;
Ils y mordront plus tard... Boulangère omnibus,
Ma voiture galoppe avec nos prospectus ;
Machinons, enfournons, et ma fortune est faite !

CROSSÉ.

Et Criéri ?

GUEUSARD.
   Je saurai lui couper la musette !
Il m'apprit à pétrir, mais mitron déserteur,
Je veux à mon patron, monter une couleur ;
Je veux régner en maître, à la Halle aux farines,
Nous vivons dans un temps, favorable aux machines.
Un four est trop petit pour être partagé,
Et comme je le veux, il aura son congé.
Lorsque l'on a du front, il n'est rien que l'on n'ose ;
Mais à propos de front, j'aperçois quelque chose.

  (*Il prend le sautoir.*)

Le foulard de ma femme... oui, c'est bien son sautoir.

  (*Avec fureur.*)

Elle n'a pas ici perdu que son mouchoir !...

  (*Moment de silence.*)

Qu'on me cherche des gens, qui de l'honneur esclaves,
Moyennant un écu, se battent pour les braves.

     (*Ils sortent tous en courant.*)

(*L'Orchestre joue l'air :* Voilà (ter.) le Chevalier Français.)

FIN DU PREMIER TABLEAU.

Deuxième Tableau.

Le Théâtre change, et représente l'intérieur de la boutique du boulanger. On aperçoit dans le fond, plusieurs mitrons occupés à différens jeux. Les uns jouent au volant, les autres font des armes, d'autres jouent aux dames.

SCÈNE PREMIÈRE.

CHAUDCHAUD, PAIR-OU-NON, LUC, PLEUREUSE.

(*Pleureuse va se placer sur un banc, où il joue nonchalamment au bilboquet. Pair-ou-Non va se mettre à une table avec un jeu de dames.*)

CHAUDCHAUD, *achevant dans le fond un combat au bâton.*
Une, deux, marche à moi, l'avant-bras détaché;
Prends garde au moulinet, feins de feindre...
(*Il lui donne un coup de bâton, et le jette à terre.*)
         Touché.
    LUC.
Sensible à la leçon.
    CHAUDCHAUD.
  Je suis académiste,
Et je ne craindrais pas Fanfan le bâtoniste.
    PLEUREUSE.
Ce bilboquet amuse, à tout le monde il plaît...
Pourquoi ne suis-je pas comme le bilboquet?
    PAIR-OU-NON.
Laisse-là ce hochet, sur lequel tu te pâmes;
Viens jouer avec moi.
    PLEUREUSE.
  Je n'aime pas les dames.

CHAUDCHAUD.
Mais le bourgeois, Messieurs, se montre bien tardif.
PLEUREUSE, *faisant aller le bilboquet.*
Il est peut-être encor dans son bain portatif.
CHAUDCHAUD.
Il est trop amoureux de sa chère personne.
Avec son chapelier, croiriez-vous qu'il s'abonne ?
Sans craindre la farine, il porte un habit noir.
Il a des gants glacés, un lorgnon en sautoir ;
Un manteau rouge et bleu, des bagues, des breloques.
Sur les nouveaux trottoirs, il marche avec des socques.
Enfin, pour imiter nos fats et nos dandys,
Jusque sous le menton, il a des favoris.
LUC, *annonçant.*
Le bourgeois !
(*Air* : C'est la Princesse de Navarre.)

SCÈNE II.

LES MÊMES, CRICRI, Mme JORDONNE.

CHAUCHAUD, *allant au-devant de Cricri.*
Nous parlions de vous avec éloge.
CRICRI.
J'ai dormi cette nuit, mes douze heures d'horloge ;
C'est peut-être un peu long, mais hier aux Français,
J'ai senti sur mes yeux, s'étendre un voile épais ;
Prince et valets entr' eux, parlaient de leurs affaires ;
Et si je m'amusais, je ne m'amusais guères.
CHAUDCHAUD.
Pourtant on dit du bien du talent de l'auteur.
CRICRI.
Il marche avec le siècle, il est à la hauteur ;
Son ouvrage long-temps vivra dans la mémoire.
CHAUDCHAUD.
La pièce est historique ?...
CRICRI.
Ah ! c'est une autre histoire.
PLEUREUSE.
Les acteurs ont, dit-on, un charme sans égal ?

CRICRI.
J'ai cru voir Frédéric et madame Dorval.
CHAUDCHAUD.
On dit que la duchesse, ornement de la scène,
Des charmes de Thalie a paré Melpomène;
Que de son jeune amant, si la noble chaleur,
Touche l'âme et l'émeut, c'est qu'elle part du cœur....
Et comment sont les vers?
CRICRI.
On les a faits en prose.
CHAUDCHAUD.
C'est donc un mélodrame, alors?
CRICRI.
Pas autre chose.
CHAUDCHAUD.
Ecoutez, cher bourgeois, les conseils d'un mitron :
Avec peine, je vois débiner la maison....
Pendant que vous courez les cafés, le spectacle,
Gueusard ne s'endort pas, je crains une débacle.
Plus de gants beurre frais, de chaîne, de lorgnon,
Soyez homme, Cricri, reprenez le jupon;
Parlez! pour enfoncer Gueusard et sa machine,
Vous nous verrez, ici, blanchir sous la farine!...
La bamboche eut son temps, que la pâte ait son tour,
Rallumez tous les feux, et mettez-vous au four.
(On entend un grand tapage.)

SCENE III.

LES MÊMES, GUEUSARD.

(Il entre suivi de plusieurs garçons de la Boulangerie mécanique. Ils sont revêtus de blouses et de casquettes, sur lesquelles on lit : Pain Romantique, et armés de longs manches à balais.)

CRICRI.
Tu me rends ma chaleur... Mais quels sont les bélitres
Qui, jusque dans ma cour, cassent ainsi les vitres?
CHAUDCHAUD.
Eh parbleu! c'est Gueusard.
CRICRI.
Quoi! notre beau cousin?

Mme JORDONNE.

Oui, notre cher parent.

CHAUDCHAUD.

C'est un fameux gredin!

CRICRI.

Que le diable l'emporte avec son tintamarre.

Mme JORDONNE.

Faites-lui bon accueil.

CRICRI, *à Gueusard qui entre.*

Vous devenez bien rare...

CHAUDCHAUD, *d'un air tartuffe.*

Et votre épouse aussi.

GUEUSARD, *après l'avoir regardé en dessous, s'adresse à Cricri.*

Tudieu! corbleu! morbleu!

CRICRI.

Il me semble, cousin, que vous jurez un peu.

GUEUSARD.

Le juron, c'est le nerf du style romantique,
Ça remplace avec goût les fleurs de réthorique.

CRICRI, *montrant sa mère.*

Mais on croyait, du moins, que vous seriez galant.

GUEUSARD.

Est-ce ma faute, à moi, si l'on m'a fait manant,
Coupe-jarret, brutal, jaloux et sanguinaire,
Et semblable au pompier de la belle écaillère?...
Morbleu! changeons de gamme, et trêve à nos défauts,
Car je puis être laid, mais vous n'êtes pas beaux.

CHAUDCHAUD.

Mais nous sommes bons là.

GUEUSARD.

C'est bon, ça vous regarde.
Mais sans nous amuser, Messieurs, à la moutarde,

(*A Cricri.*)

Parlons peu, parlons bien... Je viens te proposer
De me mettre à ta place, et de te déposer...
Cela te convient-il?... Réponds avec franchise.

CHAUDCHAUD.

A-t-on jamais pu dire une telle bêtise!

GUEUSARD.

Silence dans les rangs!

Cricri.

CHAUDCHAUD.
            Mais répondez-lui donc,
Ou vous allez passer ici pour un dindon.
                CRICRI.
Achevez.
            GUEUSARD.
        Il s'agit d'une clique établie
Pour relever l'éclat de la boulangerie.
Prends donc des actions, et nomme le gérant
Qui saura t'en donner, Cricri, pour ton argent.
            CRICRI.
Je verrai... j'attendrai...
            GUEUSARD.
                Pas de discours frivoles,
Il faut des actions, et non pas des paroles.
            CRICRI.
Eh bien! soit, j'en prendrai...
            CHAUDCHAUD.
                Non, vous n'en prendrez pas;
Il faut mystifier ce faiseur d'embarras.
            GUEUSARD.
Eh quoi! ce mirmidon voudrait mettre anicroche!...
            CHAUDCHAUD.
Je n'ai pas, comme lui, ma langue dans ma poche.
            GUEUSARD.
Tu n'es qu'un funambule, un méchant paltoquet.
CHAUDCHAUD, *lui soufflant des boulettes de pain avec un mirliton au lieu de sarbacane*
Tiens, tiens, voilà de quoi rabaisser ton caquet.
            GUEUSARD.
J'ai senti sur le nez, comme une pichenette.
        CRICRI, *passant près de Chauchaud.*
Chaudchaud, tu viens de faire une fière boulette.
            CHAUDCHAUD.
Sa figure m'ennuie, et je l'ai fait exprès...
On peut d'abord se battre, et s'expliquer après.
            GUEUSARD.
Sans mon rang, sans mon nom, dont je suis idolâtre,
Je pourrais bien ici te battre comme plâtre,
Mais tu n'es qu'un mitron...
            CRICRI.
                La thèse va changer,

Pour qu'il soit ton égal, je le fais boulanger.
GUEUSARD.
Eh bien! soit... Au canon!
CHAUCHAUD, *qui est venu près de lui.*
A l'épingle!
GUEUSARD.
A l'aiguille!
CHAUDCHAUD.
A pied!...
GUEUSARD.
Comme à cheval...
TOUS DEUX ENSEMBLE.
Il faut que je t'étrille!....
CRICRI.
De ce combat fameux, je serai le témoin;
Je vous aime tous deux, je veux vous voir de loin.
CHAUCHAUD.
Eh bien! au point du jour, demain, hors la barrière.
GUEUSARD.
A Montmartre, demain, finira ta carrière.
CHAUDCHAUD.
Allons-y de franc jeu.
GUEUSARD.
Tapons comme des sourds!
(*A lui-même.*)
Mais j'ai ma jalousie...
CHAUDCHAUD, *de même.*
Et moi, j'ai mes amours...
GUEUSARD.
Au plaisir de vous voir.
CRICRI.
Beau cousin, bonne chance!
GUEUSARD, *à part.*
Je lui ferai payer les pots cassés.
Mme JORDONNE.
Silence!
Comptez sur mon frotteur... Ils s'en vont furieux...
(*Avec grâce.*) (*A part, dis simulant.*)
Adieu, mes bons amis... Enfoncés tous les deux!

FIN DU DEUXIÈME TABLEAU.

Troisième Tableau.

Le Théâtre change et représente la chambre de la Lorraine.

SCÈNE PREMIÈRE.

L'Orchestre joue l'Air : Et l'amour vient sans qu'on y pense.

TURLURE, LA LORRAINE.

LA LORRAINE.
Non! plus de Saint-Pétrin... Tais-toi donc, Turelure,
Et ne me parle plus d'amour ni d'aventure :
Je te défends, ici, de prononcer son nom,
Même son sobriquet... De lui tu disais donc?...
TURLURE.
Qu'il aime une tigresse, à nulle autre pareille.
LA LORRAINE, *baissant les yeux.*
Cela n'est pas, cousin, si sûr que de l'oseille.
TURLURE.
Vous souvient-il qu'un soir... non, c'était à midi,
Nous fûmes au jardin des Plantes, un jeudi,
Que Chaudchaud, près de vous, blanc comme une carafe,
Tout en vous admirant, oubliait la giraffe!...
Pendant que votre époux étudiait les cerfs ;
Vous pensâtes avoir une attaque de nerfs.
Votre bouquet tomba, c'était une jonquille,
Chaudchaud, pour l'attraper, veut enjamber la grille,
Mais vous lui rappelez le sort du vétéran,
Dont le cruel Martin ne fit qu'un coup de dent,
Et cette histoire-là, bonne ou non, vraie ou fausse,
Arrêta votre amant sur le bord de la fosse.
LA LORRAINE.
Eh bien?

TURLURE.
Depuis ce temps, Chaudchaud revient toujours,
Le dimanche, à midi, près de la fosse aux ours.
LA LORRAINE.
N'importe, dis-lui bien que mon cœur est de glace,
Que je suis femme honnête... Il faut que je t'embrasse.
TURLURE.
Mais à propos d'amour, d'amant et d'animal,
J'entends votre mari.
LA LORRAINE.
C'est lui, c'est ce brutal.
Reste...

SCÈNE II.

LES MÊMES, GUEUSARD, *sans cravate.*

GUEUSARD, *il entre, l'air sombre et les bras croisés, regardant Turlure.*
Va-t-en!
LA LORRAINE.
Non.
GUEUSARD.
Si... Je te laisse le maître
De sortir par la porte, ou bien par la fenêtre.

(*Turlure se sauve.*)

LA LORRAINE.
Comme vous voilà fait... Qu'avez-vous, cher ami?
Vous n'avez donc pas fait votre barbe aujourd'hui?
GUEUSARD.
Vous voulez m'étourdir, je le sens, d'une lieue,
Je n'ai pas fait ma barbe, et l'on me fait la queue...
Mais, prenez une plume... écrivez.

(*Il fait un pas.*)

LA LORRAINE, *reculant d'un pas.*
Et pourquoi?
GUEUSARD, *avançant.*
Parce que!...
LA LORRAINE, *reculant.*
Mais à qui?

GUEUSARD.

C'est mon affaire, à moi.
Écrivez!...

LA LORRAINE, *prenant la plume, écrit sous la dictée de Gueusard.*

J'y suis.

GUEUSARD.

Bien.

(*Dictant.*)

« Tous les gens de la clique
» Doivent se réunir chez moi, dans la boutique,
» Quand minuit sonneront, venez donc, à ce soir...
» De bonheur, surtout... le mien est de vous voir... »

(*A la Lorraine qui le regarde avec surprise.*)

Écrivez!...

LA LORRAINE, *se levant et passant à droite.*

Plus souvent que jamais je consente
A risquer comme ça des mots à double entente.

GUEUSARD, *levant la main sur elle.*

Ecrivez, je le veux... et songez que j'attends.

LA LORRAINE.

Alors, mon bon ami, vous attendrez long-temps.

GUEUSARD.

Allons, obéissez!... Ne faites pas la bête...
Prends garde... sais-tu bien, si tu montes ma tête,
Sais-tu ce que contient cet encrier, là-bas?...

LA LORRAINE.

De l'encre, apparemment.

GUEUSARD.

Non... de la mort aux rats.

(*Lui montrant la plume et l'encrier.*)

Il faut, sans hésiter, choisir de ces deux choses :
Écrire si tu veux, ou boire si tu l'oses.

LA LORRAINE, *passant à la table.*

Tu le veux... J'ai choisi... Je vais...

GUEUSARD.

Ecrire?

LA LORRAINE.

Non!

Mais pour l'honneur du corps, avaler le bouillon.
(*Elle saisit un des vases de l'écritoire que Gueusard lui arrache des mains, et qu'il jette avec fureur.*)

GUEUSARD.

Tu l'aimes donc bien?

LA LORRAINE, *avec ingénuité.*

Ça?... Je frémis quand j'y touche,
Mais pour sauver l'honneur, on n'est pas sur sa bouche.

GUEUSARD.

N'importe! tu mettras du noir sur le papier,
Et Gueusard, avec toi, n'aura pas le dernier.

(*Il la pince.*)

Écriras-tu, têtue?...

LA LORRAINE.

Aie! aie! aie! Il me pince!
Vous n'avez pas, Gueusard, des manières de prince.

GUEUSARD, *la pinçant de nouveau.*

Écris!...

LA LORRAINE, *criant.*

Ah! finissez, je cède à mes devoirs;
Je ne crains pas la mort, mais je crains les bras noirs.

(*Elle reprend la plume.*)

Quel horrible complot!

(*Gueusard prend la clé.*)

GUEUSARD, *dictant.*

« Mettez huit fois : je t'aime...
» Ajoutez : je t'attends... ma chambre est au sixième. »

LA LORRAINE.

Est-ce tout?...

GUEUSARD.

Pas encor... L'adresse, maintenant.
« A Chaudchaud Saint-Pétrin, boulanger aspirant. »

LA LORRAINE, *écrivant l'adresse.*

A signer ce billet, par corps, je suis contrainte,
Mais j'espère qu'un jour on fera ma complainte;
Que dans les carrefours, l'orgue répétera
Mes chagrins, mes malheurs, sur l'air du *Tra la la.*

GUEUSARD, *appelant.*

Turlure!

LA LORRAINE.
Vous voulez ?...
GUEUSARD.
C'est lui qui va se rendre
Chez votre beau mitron.
LA LORRAINE, à part.
Au piège il va se prendre.
GUEUSARD.
Je vais me cacher là, dans ce lieu dérobé...
Si vous dites un mot...
(Il se cache derrière le manteau d'Arlequin.)
LA LORRAINE, avec douleur.
Ah! Chauchaud est flambé!...

SCENE III.
LES MÊMES, TURLURE.

TURLURE.
Bourgeoise, me voilà!...
LA LORRAINE.
Tiens, porte cette épitre,
Qui, de notre roman, est le dernier chapitre...
Joins-y cette clé-là...
TURLURE.
Fort bien, je vous comprends.
LA LORRAINE.
Ah! pour lui que n'est-elle, hélas! la clé des champs!
TURLURE, lisant l'adresse.
Pour mon petit Chaudchaud, quelle bonne fortune!
Air : Enfant chéri des Dames.
(Il sort en courant.)
GUEUSARD, se montrant.
Bon maintenant, rentrez, Madame, et sans rancune...
Vous ne m'embrassez pas?...
LA LORRAINE, reculant d'un pas.
Je vous crains plus cent fois
Que défunt Barbe-Bleue, ou le père Sournois.
(Elle rentre.)
GUEUSARD, tirant la porte sur elle.
Je crois qu'elle m'en veut, et que tout ça la vexe,
Mais c'est ainsi, Messieurs, qu'il faut mener le sexe.
Air : Eh! r'liet r'lan, tambour battant.   (Il sort.)
FIN DU TROISIÈME TABLEAU.

Quatrième Tableau.

Le Théâtre change, et représente la boutique du boulanger.
Même décoration qu'au deuxième Tableau.

SCÈNE PREMIÈRE.

CHAUDCHAUD, TURLURE.

(*Il le suit en regardant à droite et à gauche; il tient une chandelle à la main.*)

CHAUDCHAUD.
Turlure, qu'as-tu donc ?
   TURLURE, *avec mystère.*
     Monsieur, c'est une lettre,
Qu'entre vos mains, ce soir, on m'a dit de remettre ;
Elle est franche de port...
   CHAUDCHAUD.
     Donnez-donc, s'il vous plaît.
   TURLURE, *bas.*
De la Lorraine, enfin, c'est un petit poulet.
     (*Il tire une énorme lettre.*)
   CHAUDCHAUD.
D'elle !... un billet !... pour moi !... quelle énigme !...
   TURLURE.
      Du reste,
Vous en aurez la clé; car je l'ai dans ma veste.
 CHAUDCHAUD, *qui a ouvert la lettre avec feu.*
Je t'aime par un é... dieux ! comme c'est écrit !
 Cricri.

La femme qui dit j'aime, a toujours tant d'esprit ;
« Je t'attends.... » t... a... n... quoi ! sa vertu sublime
Partage donc enfin ma flamme illégitime ?
« Je t'attends à minuit.... » je pâme de bonheur !
Sans doute cette clef est celle de son cœur ?
TURLURE.
Non, vous ne serez pas chez la belle antichambre,
Car la clé de son cœur c'est la clé de sa chambre...
CHAUDCHAUD, *avec joie.*
Bien vrai ?
TURLURE.
De son époux elle ornera le chef ;
Son billet est tracé sur du papier Joseph.
CHAUDCHAUD.
Malheureux balafré ! mon bonheur est sans borne ;
Sous quel signe es-tu né ?

SCÈNE II.

LES MÊMES, RUGGIERI.

RUGGIERI, *entrant et parlant du fond.*
Celui du Capricorne.
CHAUDCHAUD, *cachant sa lettre.*
C'est vous, grand physicien, encor un pronostic !
RUGGIERI, *hochant la tête.*
Tu penses au bonheur, Chauchaud, c'est là le hic ;
D'un pronostic heureux, vainement tu te loues,
Le destin met souvent des bâtons dans nos roues !
CHAUDCHAUD.
Comment, de m'effrayer veux-tu faire semblant ?
RUGGIERI.
A te dire le vrai, je ne te vois pas blanc ;
Si tu veux de ton sort, une image fidèle,
J'apperçois ton étoile....
CHAUDCHAUD, *regardant en l'air.*
Où donc ?
RUGGIERI.
Dans la chandelle ;
Souvent le malheur pousse ainsi qu'un champignon ;

Regarde se former ce large lumignon,
Il brûle avec éclat d'une brillante flamme.
              CHAUDCHAUD, avec enthousiasme.
Oui, mais pour une mèche, et moi pour une femme.
              RUGGIERI.
Tiens, crois-moi, Saint-Pétrin, ce soir vas te coucher ;
On comme une chandelle on pourra te moucher :
Cette nuit, le destin t'en fera voir de grises,
Songe à mon lumignon...   (Il sort.)
              CHAUDCHAUD.
              Ah! bah! c'est des bêtises.
(L'orchestre joue l'air : C'est le Roi Dagobert qui met sa
              culotte à l'envers.)

SCÈNE III.

LES MÊMES, CRICRI, Mme JORDONNE, ET TOUT LE
              CORPS DES BOULANGERS.

(On se range de chaque côté du théâtre, Cricri s'asseoit sur
              un grand fauteuil au milieu.)

              CRICRI.
Viens sur ce tabouret, mon mitron, assieds-toi...
J'ai toujours de l'esprit quand il est près de moi :
Boulangers et garçons, vous députés des fours...
              CHAUDCHAUD, à part, assis à ses pieds.
Dieux! ça va m'embêter si l'on fait des discours!...
              CRICRI.
Entre le pain classique et le pain romantique,
Il s'agit aujourd'hui d'établir une clique...
              LUC, annonçant.
Place, place à Gueusard! sa suite est sur mes pas.

Air : Marche des Tartares.

SCÈNE IV.

LES MÊMES, GUEUSARD, PRÉCÉDÉ ET SUIVI PAR TOUS
              SES GARÇONS. Ils se rangent à droite du spectateur.

              CRICRI.
Quel cortège!... on dirait la marche du bœuf-gras.

GUEUSARD.
Cricri, tu vas nommer quelque malin capable,
Qui soit de notre clique, éditeur responsable,
Qui n'ait pas comme on dit, sa langue au bout des doigts...
Et le pain mécanique a parlé par ma voix.

CRICRI.
Dites, mon beau cousin, pour une telle affaire,
Des qualités qu'il faut, faites nous l'inventaire?

GUEUSARD, à part.
Agissons finement. (haut.) Mais pour un tel emploi,
Il faut des qualités, qu'on ne trouve qu'en moi...

CRICRI, à part.
Quel machiavélisme!... (haut.) Il faut qu'on les désigne.
(A Luc assis à une petite table.)
Écrivez... vous, dictez... pour voir qui sera digne...

GUEUSARD.
Mais il faut de naissance être de ma grandeur.

CRICRI.
Bien, ensuite... écrivez.

GUEUSARD.
Être de ma couleur.

CRICRI.
Ensuite?

GUEUSARD.
Aimer la miche et savoir la défendre,
Surtout de mon beau-père il faut être le gendre,
Avoir ces deux poings là, qui ne sont pas manchots!...

CRICRI, à Chaudchaud.
Comme on le voit venir avec ses gros sabots!...
(Jouant la bonhomie.)
Je ne sais pas vraiment qui cela pourrait être.

GUEUSARD.
Cherchez!... En cherchant bien, vous trouverez peut-être;
Il faut qu'enfin celui que nos voix nommeront,
Ait le droit de taper ceux qui réchigneront.

CRICRI.
Je ne voyais que vous ou bien moi, mon brave homme,
Mais d'après ce mot là, c'est moi que je me nomme!
Attrappé!...
(Il signe sur l'acte d'association. Il fait un geste impératif
pour lui ordonner de signer.)

GUEUSARD, *grinçant des dents, et prenant la plume.*
Quel tartuffe!...
TOUS, *à gauche du spectateur, le montrant au doigt.*
O dieux! est-il vexé!
CRICRI, *sévèrement.*
Plus bas, plus bas... Monsieur!...
(*à part.*)
Gueusard est enfoncé!
(*Gueusard salue ainsi que tous les autres et ils sortent sur*
l'Air : Ah! c' cadet là quel pif il a !).

SCÈNE V.

CRICRI, CHAUDCHAUD.

CRICRI, *satisfait, lui tapant sur la joue.*
Hein? qu'en dis-tu, mon fils? elle est bonne, la scène!
CHAUDCHAUD.
Mais pendant ce temps là notre action se traîne.
CRICRI.
Je l'ai bien mis dedans!... Cela doit t'enchanter...
(*D'un ton caressant.*)
Et demain, mon garçon, il faut me l'éreinter!
Entends-tu?
CHAUDCHAUD.
J'en serais ainsi que vous bien aise!
CRICRI.
Il faudra le boxer à la manière anglaise!
A la tête surtout. Ah! ça, mon vieux, voyons...
Comment t'y prendras-tu? Tous les deux essayons...
Pour que tu n'ailles pas faire quelques brioches,
Tous les deux, d'amitié, donnons-nous des taloches;
Si depuis quelque temps tu ne t'es pas battu,
Ça te fera du bien, et tu seras rompu.
CHAUDCHAUD.
Quoi? le poing d'un sujet frapper le franc suprême?
CRICRI.
Va; comme si j'étais le grand Gensard lui-même.

CHAUDCHAUD.
En avant! une, deux! (à part.) Tâchons de le rosser,
C'est un moyen adroit pour m'en débarrasser.
                        (Ils boxent tous les deux.)
Allons, à vous!
            CRICRI.
            Bien, bien! oh! la! là! du courage!
            CHAUDCHAUD, le frappant.
Je vous dois des égards...
        (Par une calotte il fait sauter son chapeau.)
            CRICRI, se défendant.
                    Frappe donc d'avantage!
            CHAUDCHAUD, de même.
Je vous dois du respect.
            (Il lui donne un coup de pied.)
            CRICRI.
                    Bravo! suis mes conseils!...
Oh! s'il pouvait demain recevoir les pareils!
Ah! tu seras vainqueur!... Assez, assez, de grâce!
Que tu me fais de bien! souffre que je t'embrasse!
Ah! Je vais me coucher!... Oh! là! quelle vigueur!
            CHAUDCHAUD.
Coupons la scène ici,... car elle fait longueur!
        (Cricri sort en se tenant les côtes.)

SCÈNE VI.

CHAUDCHAUD, ensuite TURLURE.

            CHAUDCHAUD, vivement.
Cher Turlure! ahais!... à mon âme impatiente
Guide mes pas...
            TURLURE.
            Où donc?
            CHAUDCHAUD.
                    Au boudoir d'une amante;
Mon carrick, mon chapeau;
            TURLURE.
                    Monsieur, vous êtes fou!
Quand minuit va sonner, courir le guilledou;

CHAUDCHAUD.
Quand une femme attend, et qu'elle est mariée,
Sa tendresse, par fois, risque d'être oubliée.
L'amant perd son bonheur quand il est en retard,
Et l'hymen sédentaire est là qui prend sa part.
(*Ici on entend le bruit de la pluie.*)
TURLURE, *suppliant.*
Il fait un temps affreux... Entendez-vous l'averse?
(*Un Garçon paraît portant un carrick, etc.*)
CHAUDCHAUD.
Je pense, en l'écoutant, aux larmes qu'elle verse...
Ma cotte et ma blancheur me trahiraient ce soir,
Va, bonnet de coton, fais place au chapeau noir!
(*Il en prend un à claque.*)
TURLURE, *suppliant.*
On ne doit point sortir à des heures indues;
Les garçons de Gueusard courent la nuit les rues.
Il peut vous arriver, Monsieur, de grands malheurs;
Les gendarmes la nuit arrêtent les flâneurs.
Si vous ne rentrez pas... songez à la portière...
Que vous êtes son fils, et qu'elle est votre mère;
Ses yeux se cloront-ils sur le mol édredon,
Quand elle attend son fils pour tirer le cordon?
CHAUDCHAUD, *qui a mis un carrick.*
Si je ne reviens pas!... en signe de tendresse,
Porte-lui ce cheveu pour s'en faire une tresse.

(*Il s'en arrache un, le lui donne, prend son parapluie, et sort sur l'air: Je vais revoir tout ce que j'aime!*)

FIN DU QUATRIÈME TABLEAU.

Cinquième Tableau.

Le théâtre change, et représente la chambre à coucher de la Lorraine, une fenêtre du côté gauche des spectateurs; à droite, une chaise et une porte.
On entend le bruit de la pluie; l'orchestre peint une nuit orageuse.

SCÈNE PREMIÈRE.

LA LORRAINE, seule.

La pluie et l'ouragan ont passé dans mon cœur;
Mon mari... le tonnerre... Ah! tout ça me fait peur!
Pourvu qu'à Saint-Pétrin, ce billet de ma plume,
N'aille pas, cette nuit, faire gagner un rhume.
Que dis-je! ce n'est rien; il aurait mieux, hélas!
S'il osait jusqu'ici ce soir porter ses pas...
Une danse l'attend... Qu'entends-je?... Ah! je frissonne!
Je crains que mon mari.... C'est le coucou qui sonne.

(*On entend sonner minuit; elle compte les tons sur ses doigts.*)

Cher mitron, ne vient pas!... Pour mieux l'en empêcher,
J'ai fait dire au portier, qu'il aille se coucher.

(*Elle regarde à la fenêtre.*)

Dans sa loge, en effet, il n'est plus de lumière...
Peut-être, il rôde en bas, trempé sous la gouttière,
Ou bien, comme un voleur, il court dans le trajet...
Ah! puisse la patrouille arrêter mon objet!

S'il pouvait, en chemin, rencontrer quelque belle,
Quelque vierge égarée... Ah! qu'il soit infidèle,
Je le lui passerai... Le trait me serait doux!

(*Avec âme.*)

Comme je l'aimerai s'il manque au rendez-vous!
Mais hélas! à la fois, et je tremble et j'espère...

(*Avec dépit.*)

Dieux! que c'est embêtant d'être femme adultère!
Dans l'escalier... j'entends... O ciel! quelqu'un accourt,
Je reconnais son pas, et si cher, et si lourd!...

(*Courant vers la porte avec effroi.*)

Ne viens pas! ne viens pas!... Ah! te voilà, cher ange!

SCÈNE II.

LA LORRAINE, CHAUDCHAUD.

(*Chaudchaud paraît avec un parapluie à la main.*)

LA LORRAINE, *s'éloignant subitement.*

J'oubliais... Quoi! c'est vous?... Quelle visite étrange!...

CHAUDCHAUD.

Eh quoi! vous avez l'air tout bête, à mon aspect.

LA LORRAINE.

Prétendez-vous ici me manquer de respect?

CHAUDCHAUD.

Mais j'avais rendez-vous... La lettre est autographe...

LA LORRAINE.

Las! on me la dicta; car elle a l'orthographe!

CHAUDCHAUD.

Et qui donc?

Cricri. 5

LA LORRAINE.
Mon mari... pour vous prendre au traqu'nard!
CHAUDCHAUD, *avec dignité.*
Votre mari, Madame, est un fier savoyard!....
LA LORRAINE, *lui montrant son bras.*
Vois ce noir sur mon bras; juge s'il m'a pressée.
CHAUDCHAUD.
Ah! que sous mes baisers, sa noirceur effacée...
LA LORRAINE.
Non, non, pas de bêtise..... Adieu, j'ai peur.
CHAUDCHAUD, *lui prenant la main avec fatuité.*
De quoi?
LA LORRAINE, *d'un ton fier.*
Pour qui me prenez-vous?
CHAUDCHAUD, *tendrement.*
Pour personne, pour moi!...
LA LORRAINE.
Non, non, éloignez-vous... craignez la catastrophe.
CHAUDCHAUD.
On ne craint pas les coups quand on est philosophe.
(*Suppliant.*)
Ma Lorraine, à mon cœur, accorde un doux retour.
Quelques coups de bâton font plaisir à l'amour...
De ta bouche un seul mot, de tes yeux une œillade,
Et je me laisse, après, mettre en capilotade!
Aime-moi!
LA LORRAINE.
Ce serait trop de témérité,
Car, d'après mes vertus... et la localité...
CHAUDCHAUD, *avec la plus grande chaleur.*
Soyez gentille, allons... Ça m'est égal!... n'importe!
Car il faut que la scène en ce moment soit forte.
LA LORRAINE.
Ah! il est trop gentil, son amour est trop vif,

Et je donne au contrat un grand coup de canif!
Une femme peut bien, quand elle est si chérie,
Oublier qu'elle fut jadis à la mairie,..
Oublier son serment, qui n'est qu'un léger fil,
Et le qu'en dira-t-on, et le Code civil.
En dépit de l'hymen, des lois, de la morale,
Je me livre en aveugle à mon amour fatale!
Je brave les cancans, je brave les potins,
Je jette mon bonnet par-dessus les moulins!...
Oui, je t'aime, je t'aime, et je t'aime, et je t'aime!!!...

CHAUDCHAUD.

Je crois qu'elle l'a dit!... Je n'en doute plus même.
Jour heureux!...

(Rumeur dans la coulisse. Musique sourde.)

LA LORRAINE.

Mais quel bruit?... Ah! c'est le guet-à-pens!

CHAUDCHAUD.

C'est Monsieur votre époux, avec six chenapans.

LA LORRAINE, *effarée, regardant Chaudchaud.*

Il ne peut plus descendre!

CHAUDCHAUD, *effrayé.*

Auriez-vous une armoire?
Un tiroir de commode, une pièce bien noire?
Enfin la moindre chose?...

LA LORRAINE.

Où?... rien, pas un coin.

CHAUDCHAUD.

D'un petit cabinet... ah! j'aurais bien besoin!

LA LORRAINE.

Si dans mon mobilier, j'avais encor ma harpe...

CHAUDCHAUD.

J'entrerais dans l'étui... Mais, des draps, une écharpe,
Par la fenêtre, au moins...

LA LORRAINE, *avec désespoir.*

Non, je n'ai rien de rien.!...

CHAUDCHAUD, *regardant à la croisée.*

Si je pouvais sauter...

   LA LORRAINE, *l'arrêtant.*

      Dieux! songe que je l'aime.

   CHAUDCHAUD, *désolé et dépité.*

Recevoir un amant, quand on loge au sixième.

(*On lance du dehors une lettre attachée à une pierre et par une corde. Chaudchaud la reçoit dans les jambes.*)

Un coup de pierre!

   LA LORRAINE.

      Non, non! c'est un coup du ciel.

Un billet de Turlure...

   CHAUDCHAUD, *il le prend.*

      Oh! généreux mortel!

 (*Lisant.*)

Dieux!... « Tirez la ficelle. »

   LA LORRAINE, *qui attache la corde.*

      Il faut que je l'attache.

On vient!... fermez la porte!...

   CHAUDCHAUD.

      Avec quoi?

   LA LORRAINE.

      Votre Eustache.

CHAUDCHAUD, *qui l'a mis dans la porte.*

Dieux! le manche est cassé!

   LA LORRAINE.

      Je m'en vais la tenir...

Froide comme un verrou, ma main va m'en servir,
Partez! au casse-cou, surtout, prenez bien garde!...

 (*Souffrant du bras, parce qu'on pousse la porte.*)

Aie!... je n'en puis plus!...

   CHAUDCHAUD, *en dehors.*

      Moi! je descends la garde!

SCENE III.

LA LORRAINE, *évanouie*, GUEUSARD.

(*Il est suivi de six hommes mal vêtus, avec des figures ignobles, et armés de gros gourdins.*)

GUEUSARD.

Oui, tu la descendras!...

LA LORRAINE.

Non, traître, il est sauvé.

GUEUSARD.

De ces lieux, l'intrigant s'est en vain esquivé;
Nous le repêcherons... il fera la culbute...
(*Il fait signe à ses gens qui sortent sur l'Air :* On va lui percer le flanc.)
Il fallait lui donner, Madame, un parachute!
   (*A la fenêtre.*)
La ficelle est trop courte!... et ne va qu'au second...
Qu'il tombe, en se faisant mille bosses au front,
C'est une indemnité...

LA LORRAINE.

Vous n'êtes qu'une bête,
Ça ne t'ôtera pas les tiennes de la tête;
Secourez-le plutôt...

GUEUSARD.

Qui, moi! dans ce moment,
Faire la courte échelle, à Monsieur votre amant...
Qu'il crève en l'air, s'il veut... Viens le voir, scélérate,
Il semble un hanneton suspendu par la patte;
Tu croiras voir au Cirque, un voltigeur nouveau.
   (*Avec amertume.*)
Viens, tu n'as jamais vu monsieur Diavolo!...

   (*Il la traîne à la fenêtre.*)

LA LORRAINE, *regardant.*

Il est sauvé!...

GUEUSARD, *prenant sa place.*
    Vraiment, que dis-tu? tu m'attristes...
Mais non, il est tombé, parmi mes bâtonistes!...
 (*On entend dans la coulisse le bruit d'un combat à coups de bâton.*)
    LA LORRAINE.
Que ne l'attaquais-tu, lâche! par un cartel?
    GUEUSARD.
Je craignais le projet de Loi contre le duel.
 (*A la fenêtre.*)
Ça va-t-il, mes enfans?
    LA LORRAINE.
     Quel animal féroce!
    GUEUSARD.
Est-il vaincu, Popol?
    POPOL, *en dehors, comme s'il était en bas.*
     D'importance on le rosse!
    GUEUSARD.
C'est bien, allez toujours!...
    LA LORRAINE.
     Il rit, le scélérat!
    GUEUSARD.
Elle bisque, tant mieux!
    LA LORRAINE.
     Tyran peu délicat!
    GUEUSARD, *tragiquement.*
Comme Léonidas, auprès des Thermopyles,
Votre amant, pour l'instant, en reçoit quelques piles!
 (*A la fenêtre.*)
Popol! est-ce fini?
    POPOL, *en dehors.*
    Non, Monsieur, pas encor.

GUEUSARD.

Ah ça! vous dormez donc!... Frappez un peu plus fort.

POPOL, *en dehors*.

Il appelle la garde...

GUEUSARD.

En vain il la réclame!
Avec ce mouchoir jaune, au chiffre de ma femme,
Bouchez soudain les yeux, et la bouche au criard...
Si l'on vient, vous direz : c'est un Colin-Maillard.

LA LORRAINE.

L'étouffer... scélérat!...

GUEUSARD.

Dieux! quels cris elle pousse.
Je triomphe!... il reçoit le dernier coup de pouce.

(*La Lorraine tombe, en poussant un cri.*)
(*La regardant et soulevant son bras qui retombe.*)

Tant pis!... je n'agis guère en chevalier français,
Je suis un vrai gredin, mais j'obtiens un succès...!
La farce va finir... fermons cette fenêtre.
J'ai rossé le valet, allons rosser le maître.

(*L'Orchestre joue l'Air : M. Malbrough est mort.*)

Le rideau tombe.

CHAUDCHAUD, *paraissant au trou du souffleur, le mouchoir à la main.*

De faire en bas le mort, je me suis fatigué,
Et je reviens vivant, pour que ce soit plus gai...
Mesdames et Messieurs, cette pièce est morale,
Elle prouve aujourd'hui, sans faire de scandale,
Que chez un jeune amant, lorsque l'on va le soir,
On peut oublier tout... excepté son mouchoir.

FIN.

PIÈCES NOUVELLES

Qui se trouvent chez le même Libraire.

Le Sergent Mathieu, comédie-vaud., en 3 actes,
par MM. Xavier, Dupenty et de Villeneuve... 2

Les Cuisiniers Diplomates, vaudeville en 1 acte,
par MM. Rochefort, Barthélemy et Masson..... 1 50

Le Cousin de Faust, folie en 3 tableaux...... 1 50

La Maison du Faubourg, comédie-vaud., en
deux actes, par MM. de Villeneuve, Simonnin
et Vanderburch.................. 1 50

Bugg, ou les Javanais, mélodrame en 3 actes... 1 50

Le Cousin Giraud, comédie-vaudeville en 1 acte,
par M. Simonnin.................. 1 50

Monsieur Rossignol, ou le Prétendu de province,
Folie-Vaudeville, en 1 acte............. 1 50

La Demoiselle de boutique, ou le Premier Début, comédie-vaudeville en 3 actes....... 2

Quatre heures, ou le jour du supplice, mél. 3 ac. 1 50

La Fille de la Veuve, vaudeville en deux actes. 2

Parga, ou le Brûlot, mélodrame en 3 actes..... 1 50

Les Contrebandiers, ou le vieux Gabelou, vaudeville en 3 tableaux................ 2

L'Orphelin, ou la Loge et le Salon, vaud. en 2 a. 1 50

John Bull, vaudeville en 1 acte............ 1 50

Antonia, ou Milan et Grenoble, mélo. en 3 actes. 1 50

Cinq heures du soir, ou le Duel manqué, v. 1 ac. 1 50

Départ, Séjour et Retour, roman vaud. en 3 ép. 1 50

L'Obligeant maladroit, co. en 1 a. m. de coup. 1 50

L'Avocat, mélodrame en 3 actes........... 1 50

Le Collier de Fer, mélodrame en 3 actes...... 1 50

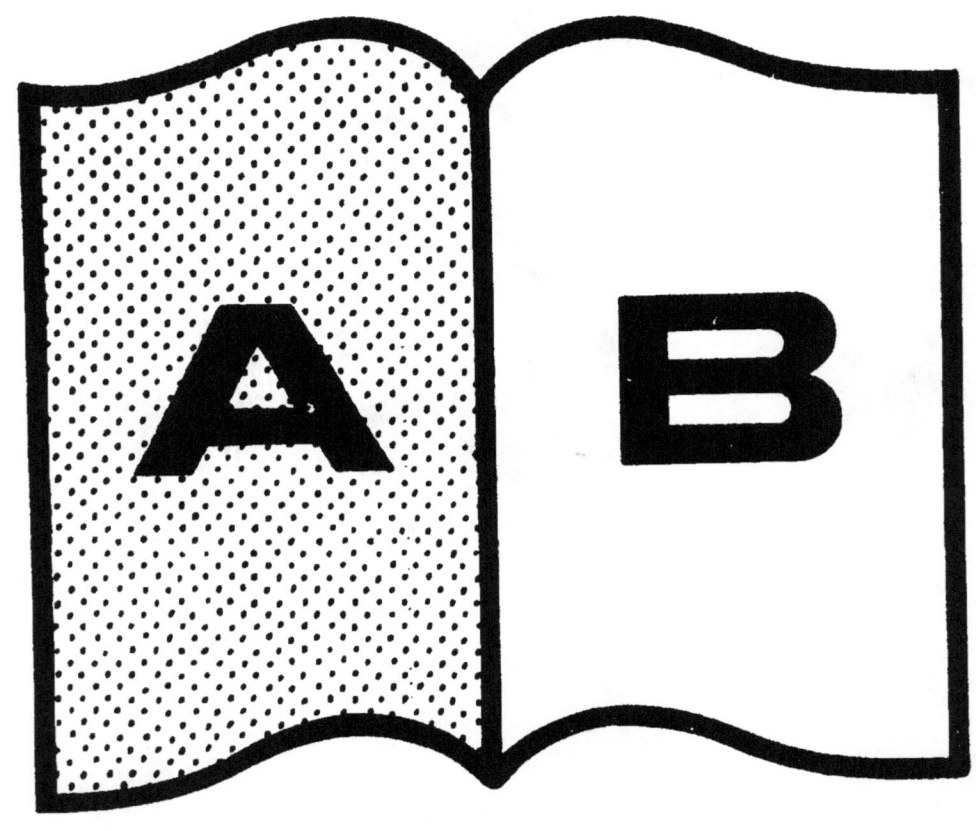

Contraste insuffisant

NF Z **43**-120-14

www.ingramcontent.com/pod-product-compliance
Lightning Source LLC
Chambersburg PA
CBHW060459050426
42451CB00009B/733